# 50 Recetas de Cenas Caseras

Por: Kelly Johnson

# Table of Contents

- Pollo al ajillo
- Tortilla de patatas
- Espaguetis carbonara
- Ensalada César con pollo
- Lomo de cerdo al horno
- Pescado a la plancha
- Albóndigas en salsa de tomate
- Sopa de verduras
- Quiche Lorraine
- Pizza margarita casera
- Arroz frito con pollo
- Ensalada de pasta
- Tacos de carne
- Fajitas de pollo
- Chili vegetariano
- Hamburguesas caseras
- Salmón al horno con limón

- Cazuela de pollo y arroz
- Sándwich de pavo y queso
- Berenjenas rellenas
- Ratatouille
- Pollo teriyaki
- Canelones de carne
- Curry de verduras
- Tortilla francesa con queso
- Pisto manchego
- Ensalada griega
- Sopa de lentejas
- Guiso de ternera
- Croquetas caseras
- Pimientos rellenos
- Pavo al horno
- Salteado de verduras con tofu
- Calabacines rellenos
- Pechuga de pollo a la plancha
- Empanadas de pollo

- Paella mixta
- Pollo con champiñones
- Puré de patatas con carne guisada
- Ensalada caprese
- Tortilla de espinacas
- Pollo al curry
- Frittata de verduras
- Sándwich club
- Estofado de cordero
- Tarta salada de verduras
- Filete de ternera a la plancha
- Ensalada de quinoa
- Pizza de pepperoni
- Cazuela de mariscos

## Pollo al ajillo

**Ingredientes:**

- 1 kg pollo troceado
- 6 dientes ajo laminados
- Aceite de oliva
- Sal, pimienta
- Perejil picado

**Preparación:**

1. Salpimienta el pollo.
2. En una sartén con aceite caliente, dora el pollo.
3. Añade el ajo laminado y cocina hasta que esté dorado pero sin quemarse.
4. Espolvorea perejil y sirve.

## Tortilla de patatas

### Ingredientes:

- 4 patatas medianas peladas y en rodajas finas
- 1 cebolla (opcional) picada
- 5 huevos
- Aceite de oliva
- Sal

### Preparación:

1. Fríe las patatas y cebolla a fuego medio hasta que estén blandas.
2. Bate los huevos, mezcla con las patatas y cebolla escurridas.
3. Cocina en sartén a fuego medio hasta que cuaje, da la vuelta para dorar ambos lados.

## Espaguetis carbonara

**Ingredientes:**

- 400 g espaguetis
- 150 g panceta o bacon en cubos
- 3 huevos
- 100 g queso parmesano rallado
- Pimienta negra

**Preparación:**

1. Cocina espaguetis en agua con sal.
2. Fríe la panceta hasta dorar.
3. Bate huevos con queso y pimienta.
4. Mezcla espaguetis calientes con panceta y mezcla con la mezcla de huevo (sin cocinarlo directamente en el fuego). Sirve rápido.

**Ensalada César con pollo**

**Ingredientes:**

- Lechuga romana
- Pechuga de pollo a la plancha en tiras
- Crutones
- Queso parmesano rallado
- Salsa César (mayonesa, ajo, anchoas, limón, mostaza)

**Preparación:**

1. Mezcla la lechuga con salsa César.
2. Añade pollo, crutones y parmesano.
3. Sirve fresca.

## Lomo de cerdo al horno

### Ingredientes:

- 1 kg lomo de cerdo
- Ajo picado
- Romero
- Aceite de oliva
- Sal y pimienta

### Preparación:

1. Unta el lomo con ajo, romero, aceite, sal y pimienta.
2. Hornea a 180 °C por 1 hora o hasta que esté cocido.
3. Deja reposar y corta en rodajas.

## Pescado a la plancha

**Ingredientes:**

- Filetes de pescado (merluza, dorada, etc.)
- Sal, pimienta
- Aceite de oliva
- Limón para servir

**Preparación:**

1. Salpimienta el pescado.
2. Cocina en plancha con un poco de aceite 3-4 minutos por lado.
3. Sirve con limón.

## Albóndigas en salsa de tomate

**Ingredientes:**

- 500 g carne molida
- 1 huevo
- 1/4 taza pan rallado
- 2 dientes ajo picados
- Sal, pimienta
- Salsa de tomate (casera o comprada)

**Preparación:**

1. Mezcla carne con huevo, pan rallado, ajo, sal y pimienta. Forma albóndigas.
2. Dora en sartén.
3. Cocina albóndigas en salsa de tomate 20 minutos.

**Sopa de verduras**

**Ingredientes:**

- Zanahoria, apio, cebolla, calabacín, papa (picados)
- Caldo de verduras
- Sal, pimienta, hierbas

**Preparación:**

1. Sofríe cebolla y añade verduras.
2. Cubre con caldo, cocina hasta tiernas.
3. Salpimienta y sirve.

## Quiche Lorraine

**Ingredientes:**

- Masa quebrada
- 200 g bacon en tiras
- 3 huevos
- 200 ml nata para cocinar
- Queso rallado
- Sal, pimienta, nuez moscada

**Preparación:**

1. Prehornea la masa en molde.
2. Sofríe bacon y distribuye en la masa.
3. Mezcla huevos, nata, queso y condimentos. Vierte sobre el bacon.
4. Hornea a 180 °C por 30-40 minutos.

## Pizza Margarita Casera

**Ingredientes:**

- Masa para pizza (puede ser comprada o casera)
- 200 g salsa de tomate
- 200 g queso mozzarella fresco en rodajas
- Hojas frescas de albahaca
- Aceite de oliva
- Sal

**Preparación:**

1. Extiende la masa sobre una bandeja para horno.
2. Cubre con salsa de tomate, dejando un borde libre.
3. Coloca las rodajas de mozzarella y unas hojas de albahaca.
4. Añade un poco de sal y un chorrito de aceite de oliva.
5. Hornea a 220 °C durante 12-15 minutos hasta que la masa esté dorada y el queso fundido.

## Arroz Frito con Pollo

**Ingredientes:**

- 2 tazas arroz cocido (preferiblemente frío)
- 200 g pechuga de pollo en cubos
- 1 cebolla picada
- 1 zanahoria picada
- 1 taza guisantes
- 2 huevos
- Salsa de soja
- Aceite
- Sal y pimienta

**Preparación:**

1. Saltea el pollo hasta dorar, reserva.
2. Sofríe cebolla, zanahoria y guisantes.
3. Añade el arroz y mezcla bien.
4. Haz un hueco en el centro, bate los huevos y cocina revolviendo hasta que cuaje.
5. Incorpora el pollo y salsa de soja, mezcla y cocina 2 minutos más.

**Ensalada de Pasta**

**Ingredientes:**

- 250 g pasta corta (penne, fusilli) cocida y fría
- Tomates cherry cortados a la mitad
- Aceitunas negras
- Queso feta en cubos
- Albahaca fresca
- Aceite de oliva
- Sal y pimienta

**Preparación:**

1. Mezcla todos los ingredientes en un bol.
2. Aliña con aceite, sal y pimienta al gusto.
3. Sirve fría.

**Tacos de Carne**

**Ingredientes:**

- Tortillas de maíz o harina
- 300 g carne molida o en tiras
- 1 cebolla picada
- Especias: comino, pimentón, chile en polvo
- Lechuga picada
- Tomate picado
- Queso rallado
- Salsa al gusto

**Preparación:**

1. Cocina la carne con cebolla y especias hasta que esté bien hecha.
2. Calienta las tortillas.
3. Arma los tacos con carne, lechuga, tomate, queso y salsa.

**Fajitas de Pollo**

*(Repetido de antes, pero aquí rápido)*

**Ingredientes:**

- Pechuga en tiras
- Pimientos y cebolla en tiras
- Tortillas de harina
- Especias, aceite

**Preparación:**

1. Cocina pollo con especias.
2. Saltea verduras.
3. Sirve todo en tortillas calientes.

**Chili Vegetariano**

**Ingredientes:**

- 1 lata frijoles negros o rojos
- 1 cebolla picada
- 1 pimiento rojo picado
- 2 tomates picados
- 1 diente ajo
- Chile en polvo, comino, sal
- Aceite

**Preparación:**

1. Sofríe cebolla, ajo y pimiento.
2. Añade tomate, frijoles y especias.
3. Cocina 20-30 minutos a fuego bajo.

**Hamburguesas Caseras**

**Ingredientes:**

- 500 g carne molida
- 1 huevo
- Sal, pimienta
- Pan de hamburguesa
- Lechuga, tomate, queso, salsas

**Preparación:**

1. Mezcla carne con huevo y condimentos.
2. Forma hamburguesas y cocina a la plancha o sartén.
3. Arma con pan y toppings al gusto.

## Salmón al Horno con Limón

**Ingredientes:**

- Filetes de salmón
- Rodajas de limón
- Aceite de oliva
- Sal, pimienta
- Eneldo o perejil

**Preparación:**

1. Coloca salmón en bandeja, salpimienta.
2. Añade rodajas de limón encima y un chorrito de aceite.
3. Hornea a 180 °C por 15-20 minutos.
4. Espolvorea hierbas antes de servir.

## Cazuela de Pollo y Arroz

**Ingredientes:**

- 2 pechugas de pollo en cubos
- 1 taza arroz
- 1 cebolla picada
- 1 pimiento picado
- 2 tazas caldo de pollo
- Aceite, sal, pimienta
- Verduras al gusto (zanahoria, guisantes)

**Preparación:**

1. Sofríe pollo y verduras.
2. Añade arroz y mezcla.
3. Agrega caldo, salpimienta.
4. Cocina tapado a fuego bajo hasta que el arroz esté tierno y el líquido absorbido.

## Sándwich de pavo y queso

**Ingredientes:**

- 2 rebanadas de pan (integral o blanco)
- 2-3 lonchas de pechuga de pavo
- 1-2 lonchas de queso (cheddar, suizo o el que prefieras)
- Lechuga, tomate en rodajas
- Mayonesa o mostaza (opcional)

**Preparación:**

1. Unta el pan con mayonesa o mostaza si deseas.
2. Coloca el pavo, queso, lechuga y tomate.
3. Puedes tostarlo en sartén o sandwichera hasta que el queso se derrita.

## Berenjenas rellenas

### Ingredientes:

- 2 berenjenas
- 200 g carne picada o mezcla de verduras
- 1 cebolla picada
- 1 diente de ajo
- Salsa de tomate
- Queso rallado

### Preparación:

1. Parte las berenjenas a lo largo y vacíalas con cuidado.
2. Sofríe cebolla, ajo, carne y la pulpa de berenjena. Añade salsa de tomate.
3. Rellena las berenjenas y cubre con queso rallado.
4. Hornea a 180 °C por 25–30 min.

**Ratatouille**

**Ingredientes:**

- 1 calabacín
- 1 berenjena
- 1 pimiento rojo
- 1 cebolla
- 2 tomates
- Ajo, tomillo, sal, aceite de oliva

**Preparación:**

1. Corta las verduras en rodajas finas.
2. Sofríe cebolla y ajo, coloca en el fondo de una fuente.
3. Encima, ordena las rodajas de verduras en espiral.
4. Rocía con aceite, sal y tomillo. Hornea a 180 °C por 40 minutos.

## Pollo teriyaki

**Ingredientes:**

- 2 pechugas de pollo en tiras
- 3 cucharadas salsa de soja
- 2 cucharadas miel o azúcar moreno
- 1 cucharada vinagre de arroz
- 1 cucharadita jengibre rallado
- 1 diente de ajo picado

**Preparación:**

1. Sofríe el pollo hasta dorar.
2. Añade los ingredientes de la salsa y cocina hasta que espese.
3. Sirve con arroz y semillas de sésamo si deseas.

## Canelones de carne

**Ingredientes:**

- Láminas de canelones
- 300 g carne picada
- 1 cebolla
- Salsa de tomate
- Salsa bechamel
- Queso rallado

**Preparación:**

1. Cocina la carne con cebolla y salsa de tomate.
2. Rellena los canelones cocidos.
3. Colócalos en una bandeja con bechamel y queso por encima.
4. Hornea a 180 °C por 25–30 minutos.

## Curry de verduras

### Ingredientes:

- Verduras variadas (zanahoria, patata, calabacín, brócoli)
- 1 cebolla
- 1 diente de ajo
- 1 cucharada pasta de curry o curry en polvo
- 1 lata leche de coco
- Aceite, sal

### Preparación:

1. Sofríe cebolla y ajo. Añade las verduras.
2. Incorpora el curry y la leche de coco.
3. Cocina a fuego lento hasta que las verduras estén tiernas.

**Tortilla francesa con queso**

**Ingredientes:**

- 2 huevos
- Sal, pimienta
- Queso rallado

**Preparación:**

1. Bate los huevos con sal y pimienta.
2. Vierte en sartén caliente con aceite o mantequilla.
3. Añade queso cuando empiece a cuajar. Dobla y cocina hasta que esté lista.

## Pisto manchego

**Ingredientes:**

- 1 cebolla
- 1 pimiento
- 1 calabacín
- 1 berenjena
- 2 tomates pelados
- Ajo, sal, aceite

**Preparación:**

1. Sofríe cebolla y ajo, añade el resto de las verduras en cubos.
2. Cocina a fuego medio hasta que todo esté tierno.
3. Salpimienta al gusto.

**Ensalada griega**

**Ingredientes:**

- Tomate en cubos
- Pepino en rodajas
- Cebolla morada
- Aceitunas negras
- Queso feta en cubos
- Orégano, aceite de oliva, sal

**Preparación:**

1. Mezcla todos los ingredientes.
2. Aliña con aceite, sal y orégano.
3. Sirve fría.

## Sopa de lentejas

### Ingredientes:

- 250 g de lentejas
- 1 cebolla
- 1 zanahoria
- 1 papa
- 2 dientes de ajo
- 1 tomate
- Caldo de verduras
- Aceite de oliva, sal y pimienta

### Preparación:

1. Sofríe cebolla, ajo, zanahoria y tomate picados.
2. Añade las lentejas lavadas y la papa en cubos.
3. Cubre con caldo de verduras y cocina 30–40 min.
4. Salpimienta al gusto y sirve caliente.

**Guiso de ternera**

**Ingredientes:**

- 500 g carne de ternera en cubos
- 2 papas
- 1 zanahoria
- 1 cebolla
- 1 tomate o puré de tomate
- 1 hoja de laurel, sal, pimienta

**Preparación:**

1. Dora la carne con cebolla.
2. Añade zanahoria, papa, tomate y laurel.
3. Cubre con agua y cocina a fuego bajo 1 h o hasta tierna.
4. Rectifica sal y sirve.

**Croquetas caseras**

**Ingredientes:**

- 2 tazas de bechamel espesa
- 1 taza de pollo cocido/picadillo/jamón picado
- Pan rallado, huevo, aceite para freír

**Preparación:**

1. Mezcla el relleno con la bechamel y enfría.
2. Forma croquetas, pásalas por huevo y pan rallado.
3. Fríe en aceite caliente hasta dorar.

## Pimientos rellenos

### Ingredientes:

- 4 pimientos rojos
- 200 g carne picada o arroz con verduras
- 1 cebolla, 1 diente de ajo
- Salsa de tomate
- Queso rallado (opcional)

### Preparación:

1. Corta la parte superior de los pimientos y quita semillas.
2. Sofríe cebolla, ajo y carne; añade arroz cocido si lo deseas.
3. Rellena los pimientos, cubre con salsa de tomate y queso.
4. Hornea a 180 °C por 30 min.

## Pavo al horno

### Ingredientes:

- 1 pechuga o muslos de pavo
- Ajo, romero, tomillo
- Jugo de limón o naranja
- Aceite de oliva, sal, pimienta

### Preparación:

1. Marina el pavo con ajo, hierbas, jugo y aceite.
2. Hornea a 180 °C por 1 h (dependiendo del tamaño).
3. Baña ocasionalmente con sus jugos.

**Salteado de verduras con tofu**

**Ingredientes:**

- 200 g tofu firme en cubos
- 1 zanahoria, 1 calabacín, 1 pimiento
- Salsa de soja, jengibre, aceite de sésamo

**Preparación:**

1. Dora el tofu en sartén con aceite hasta crujiente.
2. Añade verduras en tiras y saltea con salsa de soja y jengibre.
3. Cocina 5–8 min, sirve con arroz o solo.

**Calabacines rellenos**

**Ingredientes:**

- 2 calabacines grandes
- 1 cebolla, 1 diente de ajo
- 1 taza arroz cocido o carne vegetal/picada
- Queso rallado

**Preparación:**

1. Corta calabacines a lo largo, vacía con cuidado.
2. Sofríe cebolla, ajo y mezcla con relleno.
3. Rellena, cubre con queso y hornea 25 min a 180 °C.

**Pechuga de pollo a la plancha**

**Ingredientes:**

- 2 pechugas de pollo
- Jugo de limón o vinagre
- Ajo, sal, pimienta, aceite de oliva

**Preparación:**

1. Marina el pollo con los condimentos.
2. Cocina en sartén caliente 6–8 min por lado.
3. Sirve con ensalada o arroz.

**Empanadas de pollo**

**Ingredientes:**

- 2 tazas de pollo cocido desmenuzado
- 1 cebolla
- Masa para empanadas
- Huevo para pincelar

**Preparación:**

1. Sofríe la cebolla y mezcla con el pollo.
2. Rellena discos de masa, cierra con tenedor.
3. Pincela con huevo y hornea a 200 °C por 20–25 min.

**Paella mixta**

**Ingredientes:**

- 300 g de arroz
- 150 g de pollo en trozos
- 150 g de mariscos (calamares, camarones)
- 1 pimiento rojo
- 1 tomate rallado
- 1 diente de ajo
- 750 ml de caldo
- Hebras de azafrán o cúrcuma
- Aceite de oliva, sal, pimienta

**Preparación:**

1. Sofríe el pollo en aceite hasta dorar.
2. Añade el ajo y el pimiento en tiras, cocina unos minutos.
3. Incorpora el tomate rallado y cocina hasta que espese.
4. Añade el arroz y mezcla bien.
5. Agrega el caldo caliente con azafrán o cúrcuma.
6. Cocina 10 min, añade los mariscos y cocina 8–10 min más sin remover.
7. Deja reposar 5 min antes de servir.

## Pollo con champiñones

### Ingredientes:

- 2 pechugas de pollo
- 200 g de champiñones
- 1 cebolla
- 1 diente de ajo
- 150 ml de crema o nata
- Sal, pimienta, aceite de oliva

### Preparación:

1. Corta el pollo en tiras, salpimienta y dora.
2. Retira el pollo y sofríe cebolla, ajo y champiñones.
3. Devuelve el pollo, añade la crema y cocina 10 min.
4. Sirve con arroz o puré.

## Puré de patatas con carne guisada

### Ingredientes:

- 500 g de carne de res en cubos
- 1 cebolla, 1 zanahoria, 1 tomate
- 3–4 papas
- Leche, manteca
- Sal, pimienta, laurel

### Preparación:

1. Dora la carne con cebolla. Agrega zanahoria, tomate y laurel.
2. Cubre con agua y cocina a fuego bajo 1 h.
3. Hierve las papas, haz puré con leche, manteca, sal y pimienta.
4. Sirve el guiso sobre el puré.

**Ensalada caprese**

**Ingredientes:**

- 2 tomates grandes
- 200 g de mozzarella fresca
- Hojas de albahaca fresca
- Aceite de oliva, sal, pimienta, aceto balsámico (opcional)

**Preparación:**

1. Corta tomate y mozzarella en rodajas.
2. Alterna en un plato, decora con albahaca.
3. Rocía con aceite, sal, pimienta y balsámico si deseas.

**Tortilla de espinacas**

**Ingredientes:**

- 4 huevos
- 200 g de espinacas frescas
- 1 cebolla pequeña
- Aceite de oliva, sal, pimienta

**Preparación:**

1. Sofríe cebolla picada y añade las espinacas hasta que reduzcan.
2. Bate los huevos, mezcla con las espinacas y salpimienta.
3. Cocina la mezcla en sartén a fuego medio por ambos lados.

**Pollo al curry**

**Ingredientes:**

- 2 pechugas de pollo en cubos
- 1 cebolla, 1 diente de ajo
- 200 ml de leche de coco o crema
- 1 cda de curry en polvo
- Aceite, sal, pimienta

**Preparación:**

1. Sofríe cebolla y ajo. Añade el pollo y dora.
2. Agrega el curry, mezcla bien.
3. Vierte la leche de coco, salpimienta y cocina 10–15 min.
4. Sirve con arroz blanco.

## Frittata de verduras

**Ingredientes:**

- 5 huevos
- 1 calabacín, 1 zanahoria, 1 pimiento
- Queso rallado (opcional)
- Aceite, sal, pimienta

**Preparación:**

1. Saltea las verduras en cubos.
2. Bate los huevos, mezcla con las verduras y queso.
3. Vierte en sartén o fuente apta para horno.
4. Cocina a fuego medio o en horno hasta cuajar.

## Sándwich club

### Ingredientes:

- 3 rebanadas de pan de molde tostado
- Pollo cocido o a la plancha
- Tiras de bacon (opcional)
- Tomate, lechuga, mayonesa

### Preparación:

1. Unta mayonesa en cada pan.
2. Coloca capas: pan, pollo, lechuga; pan, bacon y tomate; pan final.
3. Corta en triángulos y sujeta con palillos si es necesario.

## Estofado de cordero

### Ingredientes:

- 800 g de cordero en trozos
- 2 zanahorias
- 2 papas
- 1 cebolla
- 2 dientes de ajo
- 1 vaso de vino tinto
- 500 ml de caldo
- 1 hoja de laurel, romero
- Aceite de oliva, sal, pimienta

### Preparación:

1. Salpimienta el cordero y dóralo en una olla con aceite.
2. Añade cebolla y ajo picados, saltea 5 min.
3. Incorpora zanahorias y papas en cubos.
4. Vierte el vino y deja que reduzca el alcohol.
5. Agrega el caldo, laurel y romero. Cocina a fuego bajo 1 ½ h, hasta que la carne esté tierna.
6. Rectifica sal y pimienta antes de servir.

**Tarta salada de verduras**

**Ingredientes:**

- 1 masa quebrada o de tarta
- 1 calabacín, 1 zanahoria, 1 pimiento
- 1 cebolla
- 3 huevos
- 200 ml de crema o nata
- Queso rallado (opcional)
- Sal, pimienta, nuez moscada

**Preparación:**

1. Forra un molde con la masa y precocina 10 min a 180 °C.
2. Saltea las verduras en aceite hasta que estén blandas.
3. Mezcla huevos, crema, sal, pimienta y nuez moscada.
4. Incorpora las verduras y el queso. Vierte sobre la masa.
5. Hornea 30–40 min a 180 °C, hasta que esté dorada.

## Filete de ternera a la plancha

**Ingredientes:**

- 2 filetes de ternera
- Sal, pimienta
- Aceite de oliva o mantequilla
- Ajo (opcional), romero

**Preparación:**

1. Seca bien los filetes y salpimienta.
2. Calienta una plancha o sartén con aceite/mantequilla.
3. Cocina 2–3 min por lado para término medio.
4. Añade ajo y romero para dar aroma si deseas.
5. Deja reposar 2 min antes de servir.

## Ensalada de quinoa

### Ingredientes:

- 1 taza de quinoa cocida
- 1 pepino, 1 tomate, ½ cebolla morada
- Perejil fresco
- Jugo de 1 limón
- Aceite de oliva, sal, pimienta

### Preparación:

1. Cocina la quinoa y deja enfriar.
2. Pica finamente los vegetales.
3. Mezcla todo con perejil, limón, aceite, sal y pimienta.
4. Sirve fría o a temperatura ambiente.

## Pizza de pepperoni

**Ingredientes:**

- 1 base de pizza
- 100 ml de salsa de tomate
- 200 g de mozzarella rallada
- 80 g de pepperoni en rodajas
- Orégano seco

**Preparación:**

1. Extiende la salsa sobre la base.
2. Añade la mozzarella y distribuye el pepperoni.
3. Espolvorea orégano.
4. Hornea 12–15 min a 220 °C, hasta que el queso gratine.

## Cazuela de mariscos

### Ingredientes:

- 500 g de mariscos surtidos (camarones, calamares, mejillones)
- 1 cebolla, 1 pimiento, 2 dientes de ajo
- 2 tomates
- 1 vaso de vino blanco
- Caldo de pescado
- Aceite de oliva, sal, pimienta, pimentón

### Preparación:

1. Sofríe la cebolla, el ajo y el pimiento picados.
2. Añade los tomates pelados y picados, cocina hasta que se forme una salsa.
3. Incorpora los mariscos y saltea.
4. Agrega el vino y deja reducir.
5. Añade un poco de caldo y cocina 10 min.
6. Sirve caliente con pan o arroz blanco.